Bruno der Bär

HALLO! GUTEN TAG!

Von Shigeo Watanabe
Illustriert von Yasuo Ohtomo

Carlsen Verlag

Guten Tag, Blumen!

Guten Tag, Vögel!

Guten Tag, Katze!

Guten Tag, Hund!

Guten Tag, Herr Milchmann!

MILCH

Guten Tag, Herr Zeitungsträger!

Guten Tag, Herr Postbote!

Hallo, Mama!

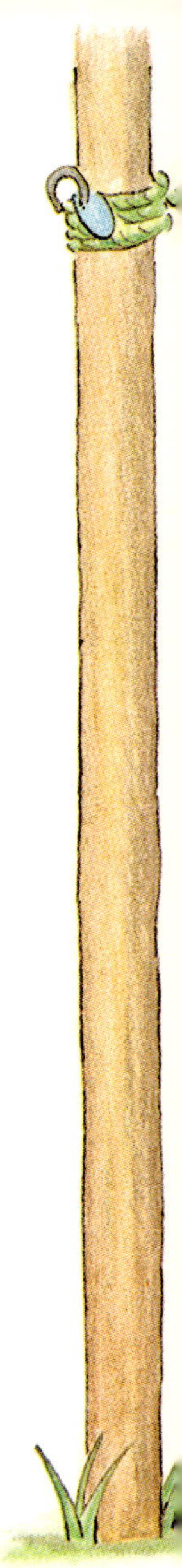

Guten Tag, mein Schatz!

Bruno, wo läufst du denn hin?

Papa! Papa! Guten Tag!

Hallo, Bruno!
Guten Tag!

1. Auflage 1985

Aus dem Japanischen von Kayoko Koop-Takata
KONNICHIWA

First published by Fukuinkan Shoten, Tokyo

07048540 · ISBN 3-551-08341-X · Bestellnummer 08341